O MUNDO
DOS BONECOS
DE PAPEL

ANDREI MOREIRA

adaptação de texto BIANCA GANUZA

ilustrações NEI NICOLATO

AME
EDITORINHA
Belo Horizonte, 2012

O MUNDO DOS BOA

ECOS DE PAPEL

APRESENTAÇÃO

Andrei Moreira

Este conto, em sua versão integral, foi originalmente publicado no livro *Homossexualidade sob a ótica do espírito imortal*, de minha autoria, pela AME Editora. Esta obra, adaptação do conto para crianças, inaugura a série psicológica infantil da Associação Médico-Espírita de Minas Gerais e o selo AME Editorinha, voltado para as publicações infantojuvenis.

O objetivo é fornecer textos inclusivos que falem do processo de amadurecimento psicológico e espiritual do ser, no caminho do progresso, auxiliando o trabalho de pais, educadores e evangelizadores.

O mundo dos bonecos de papel é uma sensível contribuição para o trabalho com as diferenças que se apresentam nas questões sexuais e afetivas, particularmente a homossexualidade. Vem somar-se aos textos infantojuvenis voltados para esse tema, promovendo, por metáforas, a inclusão e a alteridade, por meio da aceitação e valorização dos diferentes e das diferenças.

É um texto que fala à razão e ao coração e pode ser lido individualmente ou em grupo, permitindo inúmeras intervenções pedagógicas, tais como o teatro, o desenho, a narrativa de vida e os jogos educacionais. Ao final do texto, segue um jogo proposto para o trabalho com os temas da obra, que pode ser montado pelas crianças e utilizado em momentos lúdicos e educacionais.

Esperamos que as crianças (as que moram nos adultos também!) divirtam-se, educando-se.

Boa leitura e bom divertimento!

ORIENTAÇÕES PARA PAIS E EDUCADORES

Bianca Ganuza

A literatura infantojuvenil brasileira felizmente conta com diversos livros sobre as diferenças e a aceitação dos diferentes. As amplas discussões em torno do *bullying* nas escolas reacenderam a chama pela busca de uma educação mais integral, em que os valores e os sentimentos são parte fundamental na formação de seres humanos mais saudáveis, éticos e solidários.

Ainda há muito que se caminhar, e, nesse sentido, quando as diferenças perpassam pela trilha da sexualidade, presenciamos pais e educadores muitas vezes bem intencionados, mas inseguros sobre como fornecer as melhores respostas e orientações para as crianças.

Se o diálogo sobre a sexualidade já causa seus embaraços para muitos educadores, a homossexualidade por sua vez é um assunto

que ainda carrega fortes estigmas. Com receio
de falar naturalmente sobre o assunto e acabar
estimulando o desejo homossexual, os adultos acabam,
com sua fala e seu comportamento, estimulando
e ensinando o preconceito, a repulsa e a homofobia.

Nesse sentido, este conto brinda-nos com
a possibilidade de falar sobre o assunto
de maneira muito delicada e sutil, aproximando
as crianças de algo essencial no próprio processo
de amadurecimento e convivência: a busca
pelo autoamor, a busca pela autenticidade.

Nesta versão adaptada para crianças, o objetivo
é que pais e educadores possam dispor-se
a estabelecer com elas um diálogo,
falar sobre os próprios sentimentos,
ajudá-las a abrir espaço para
imagens e palavras que falam do
respeito por si mesmos e pelos
outros. Ao longo da história,
exercícios de educação
emocional foram dispostos
para serem usados em
casa ou em pequenos
grupos de crianças.

O MUNDO DOS BO

NECOS DE PAPEL

Aquele era um universo diferente. O universo dos bonecos de papel, personagens de uma história em quadrinhos idealizados pela mente sábia e desenhados pelas mãos habilidosas do Grande Cartunista do universo.

Um mundo de histórias, desejos, fantasias e... papéis!

Os bonecos eram feitos de um papel especial, pintados de duas cores: o azul e o vermelho. Dessa forma, podia-se ver que eram diferentes pelas cores que tinham por fora, e não pelas cores que também tinham por dentro. Pois bem, vamos acompanhar esses personagens em uma de suas muitas e inusitadas histórias.

ATIVIDADE

Faça um desenho com as cores que você mais gosta.

O dia amanheceu diferente, e o sol, mais forte que nos outros dias, parecia anunciar algo importante que iria acontecer. Na cidade dos bonecos de papel tudo corria da mesma maneira de sempre. Bonecos apressados, correndo de um lado para o outro, fazendo suas tarefas de sempre sem se preocupar com o que acontecia ao redor. Bonecos conversando sobre assuntos sem importância, para passar o tempo sem trabalho útil para fazer. Bonecos ocupados, trabalhando ativamente em prol do progresso. Bonecos. Papéis.

ATIVIDADE

Faça uma lista das atividades mais legais e das mais chatas que você faz no seu dia.

ada de muito especial. Apenas se comentava naquela cidadezinha o nascimento de alguns novos bonecos pelas mãos do Grande Cartunista. E lá os bonecos nasciam assim: já adultos, desenvolvidos, embrulhados em uma caixa especial, pequenina. E iam desenrolando-se aos poucos. Já vinham completos e... pintados.

ATIVIDADE

Como você era quando nasceu? você tem alguma foto?

A maior euforia daquele povo era acompanhar o desenrolar dos bonecos e perceber qual seria a sua cor, pois quando estavam ainda dobrados não era possível ver com clareza – as cores confundiam-se...

ATIVIDADE

Quais são as suas
qualidades?

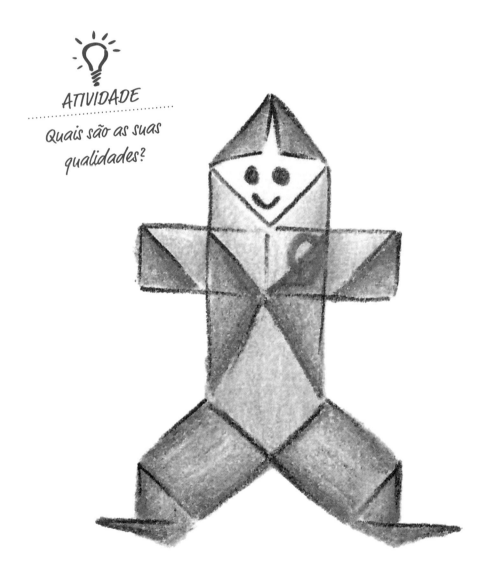

O vermelho representava força, energia, comando, movimentação. Era a cor forte, dos bonecos que tomavam posições de destaque no controle da cidade, nas atividades que precisavam de mais ação. O azul representava sensibilidade, postura mais suave, criação e afetividade. Era a cor dos bonecos mais criativos, dóceis e atentos.

Independentemente da cor, eram todos bonecos de papel. De papéis. O Grande Cartunista daquele universo deu para todos eles inteligência, sentimentos e emoções. Deu também liberdade para cada um fazer as suas próprias escolhas. Mas parece que nem todos os bonecos conseguiam perceber isso.

Com a novidade do nascimento, logo, logo os novos bonequinhos de papel tornaram-se a atração da cidade e iam desenvolvendo-se

pouco a pouco. Lentamente. E recebiam o carinho dos azuis e dos vermelhos, de todos ali presentes. Os bonecos torciam para que cada bonequinho se tornasse mais um membro do seu grupo de azuis ou vermelhos, já que eles consideravam, dentro da sua ignorância, que ser do seu grupo era o melhor.

ATIVIDADE

No que você é igual aos seus amigos e familiares?

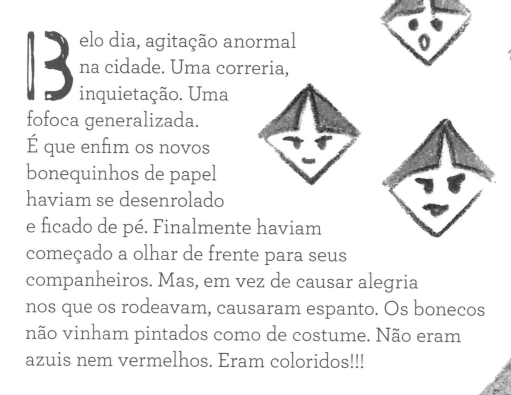

Belo dia, agitação anormal na cidade. Uma correria, inquietação. Uma fofoca generalizada. É que enfim os novos bonequinhos de papel haviam se desenrolado e ficado de pé. Finalmente haviam começado a olhar de frente para seus companheiros. Mas, em vez de causar alegria nos que os rodeavam, causaram espanto. Os bonecos não vinham pintados como de costume. Não eram azuis nem vermelhos. Eram coloridos!!!

Uma mistura das duas cores com outras desconhecidas. Algumas partes azuis, outras vermelhas, e na área do coração, especialmente, cores misturadas, um colorido extraordinário.

ATIVIDADE

No que você é diferente dos seus amigos e familiares?

Aquilo foi demais para os grupos de azuis e vermelhos. Os bonecos de papel – de papéis – não conseguiam aceitar que pudessem existir bonecos coloridos, já que eles não conheciam outras cores, cores diferentes.

ATIVIDADE

O que você acha legal nas pessoas que são diferentes de você?

As reações foram as mais variadas possíveis. Alguns ficaram paralisados. Outros correram para espalhar a notícia. Outros fugiram apressados. Alguns riam sem parar...

ATIVIDADE

Você já tratou mal algum colega por ele ser diferente? E você? já te trataram mal por você ter algo de diferente?

Houve aqueles que logo quiseram correr com os bonecos coloridos para a fábrica de tintas vermelhas e azuis e pintá-los por fora. Seria uma coisa agressiva de se fazer, mas foi o que eles acharam que seria o certo, afinal os bonecos coloridos não podiam ser diferentes dos outros. E foram logo pegando os bonecos coloridos, sem perguntar se eles queriam ser pintados, e levando-os para a fábrica de tintas.

ATIVIDADE

Você acha que todos deveriam ser iguais? Por quê?

Eles já haviam pintado alguns bonecos coloridos de azul e de vermelho, quando um grupo chegou e disse que aquilo não podia continuar. Qual era o problema de haver bonecos coloridos? O colorido era diferente, interessante, eles até gostavam. Era bom ter bonecos diferentes na cidade.

ATIVIDADE

Se você estivesse na cidade dos bonecos de papel, o que faria com os bonecos coloridos?

Os bonecos mais sábios não deixaram que continuassem a pintar os bonecos diferentes e levaram os jovens coloridos para fora da cidade, por um tempo, até que tudo se acalmasse.

E lá se foram os bonecos coloridos, tristes,
com medo, pensando até que era melhor
serem pintados logo de azul ou vermelho
para que aquele sofrimento acabasse.

Com isso a cidade toda se reuniu para debater sobre o que fazer com os bonecos coloridos. Por que a grande maioria tinha medo do colorido dos bonecos? Por que desejavam pintá-los por fora, como se eles fossem alguma espécie de ameaça? Por que não aceitavam aquela realidade?

ATIVIDADE

Em que aspecto é bom ter algo diferente dos outros?

E descobriram que os bonecos mais agressivos não aceitavam as duas cores juntas em um mesmo boneco. Diziam que, se o Grande Cartunista fez a todos em azul ou em vermelho, era porque assim devia ser. Aquele colorido todo devia ser um erro da natureza, algum desastre ou acidente no desenrolar dos novos bonecos... Mas os bonecos coloridos também não foram feitos pelo Grande Cartunista? questionavam outros.
Sim, foram – respondiam os demais.
Mas essa explicação não era suficiente para eles. Como o medo era tão grande e a falta de conhecimento sobre outras cores também, eles não conseguiam enxergar que os bonecos coloridos também tinham azul e vermelho.

ATIVIDADE

Você já mudou de opinião sobre alguém que antes você não gostava e agora gosta? Como foi?

Talvez os bonecos antigos
sentissem-se fracos, diminuídos...
Que outras cores seriam essas
que não tinham? E se dali para
frente fossem todos daquele jeito?
E se todos nascessem assim? E o pior:
e se eles desejassem ser coloridos
também? Isso eles não podiam aceitar.
Era melhor pintar todos os bonecos
de azul ou vermelho e pronto.

ATIVIDADE

Você já teve medo de
sofrer _bullying_? Como foi?

utros bonecos, mais assustados com o que estava acontecendo, nem tocaram no assunto. Era como se nada estivesse ocorrendo. Até que um deles, atrevido, apareceu de volta na cidade com os jovens coloridos, dizendo que poderiam fazer o que desejassem, ser o que quisessem naquela cidade, com o mesmo direito de azuis e vermelhos. O nome desse boneco atrevido era Amor-Próprio. Mas acontece que os bonecos coloridos também eram bonecos de papel e tinham dificuldades. Alguns bonecos, já pintados, preferiam fingir que não eram coloridos, agiam como se fossem azuis ou vermelhos desde o princípio, mas isso não dava certo. Estavam infelizes. Outros, coloridos ainda, vinham de cabeça baixa, sentindo-se mal por serem diferentes. Alguns, tentando fugir da dor da rejeição (a dos outros e a sua própria), até se jogaram na água, desmanchando-se todos, já que eram de papel.

ATIVIDADE

O que você mais gosta em si mesmo?

()s restantes vinham bem junto
de Amor-Próprio, lado a lado,
de cabeça erguida, felizes
por serem como eram: normais com sua
característica particular, especial, única.

( ) jovem atrevido Amor-Próprio, dando a todos um exemplo de aceitação, chamava a atenção dos velhos bonecos de papel para uma realidade nunca antes percebida: a dupla coloração!

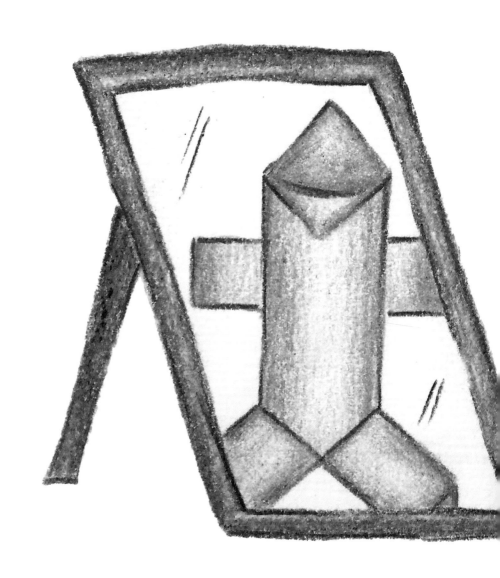

Ninguém entendeu, mas o jovem explicou:

— Não existem bonecos totalmente azuis e bonecos totalmente vermelhos. Ou vocês nunca se olharam direito no espelho? Vocês nunca perceberam que os bonecos azuis têm as costas vermelhas? E que os bonecos vermelhos têm as costas azuis?

Todos têm as duas cores. Mas nas costas, onde os olhos não alcançam com facilidade, está justamente a outra cor que vocês achavam não possuir. Olhem bem!

E todos se dispuseram a olhar
em volta. Ficaram surpresos
de perceber que eles nunca tinham
enxergado o que Amor-Próprio dizia.
Eles não eram coloridos como aqueles
novos bonecos, mas eles também
não eram feitos de uma única cor.
Os bonecos coloridos vinham trazendo
uma inovação na mistura de cores,
que não tinha um único lugar definido
para aparecer no corpo deles. Isso
seria um desafio para os bonecos azuis
e vermelhos entenderem e aceitarem,
mas pelo menos já não era mais motivo
para expulsar, querer pintar ou tratar mal
os bonecos coloridos. Afinal, perceberam:
a riqueza da vida é a diferença!

cidade descobriu que todos possuíam as duas cores. Eram duplos.

Diante da surpresa geral, Amor-Próprio calou-se. Já tinha cumprido o seu papel e estaria em destaque naquela sociedade dali em diante. Quem sabe com esse desafio aqueles bonecos passariam a enxergar mais coisas que não viam antes? Talvez. Descobririam em breve.

E, assim, a cidade voltou para suas ocupações de sempre, mais evoluída pela forma de agir de cada um. Em razão do aprendizado do valor da diferença e dos diferentes, desde então não era só a cor que cada boneco trazia por fora que importava, mas as cores que importavam principalmente eram as do coração.

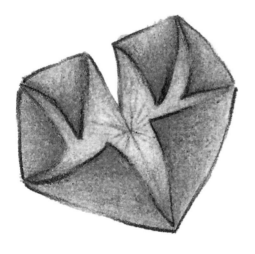

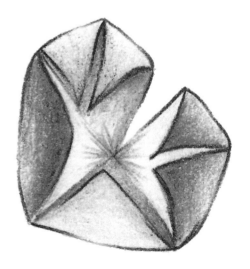

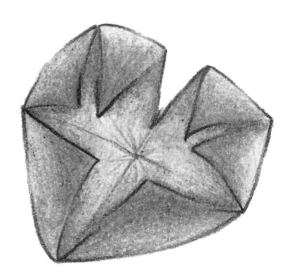

Dizem até que os bonecos, cada vez mais sábios e capazes de enxergar mais coisas, deixavam de ser bonecos de papel e mudavam de quadrinho, transformando-se em personagens de uma história humana com enredo divino, que nunca tinha fim...

ATIVIDADE

*Faça um desenho da parte
da história que você
mais gostou.*

O MUNDO
DOS BONECOS
DE PAPEL

© 2012 AME Editora
Órgão editorial da ASSOCIAÇÃO MÉDICO-ESPÍRITA DE MINAS GERAIS
AME Editorinha é um selo da AME Editora

DIRETOR EDITORIAL
Andrei Moreira

CONSELHO EDITORIAL
Andrei Moreira, Grazielle Serpa,
Roberto Lúcio Vieira de Souza

DADOS INTERNACIONAIS DE CATALOGAÇÃO NA PUBLICAÇÃO (CIP BRASIL)

[M838] Moreira, Andrei (*1979)

O mundo dos bonecos de papel
Andrei Moreira, Bianca Ganuza (adapt.), Nei Nicolato (ilust.)
AME: Belo Horizonte, MG, 2012
56 pp.   18 × 24,5 cm   ilustrado

ISBN 978 85 63778 05 5

1. Literatura infantojuvenil.   2. Homossexualidade.   3. Diferenças.
I. Moreira, Andrei.   II. Ganuza, Bianca.   III. Nicolato, Nei.   IV. Título.

CDD 028.5

Índices para catálogo sistemático:
1. Literatura infantil 028.5   2. Literatura infantojuvenil 028.5

1ª edição | Janeiro de 2012 | 2 mil exemplares

Direitos autorais integralmente cedidos à Associação Médico-Espírita de Minas Gerais
para manutenção de suas atividades assistenciais

www.amemg.com.br

www.ameeditora.com.br

COLOFÃO

TÍTULO
O mundo dos bonecos de papel

AUTORIA
Andrei Moreira

ADAPTAÇÃO
Bianca Ganuza

ILUSTRAÇÃO
Nei Nicolato
(neinicolatodesign@gmail.com)

EDIÇÃO
1ª

EDITORA
AME (Belo Horizonte, MG)

ISBN
978 85 63778 05 5

PÁGINAS
56

TAMANHO MIOLO
18 × 24,5 cm

TAMANHO CAPA
18 × 24,5 cm com orelhas de 13,5 cm

CAPA
Ary Dourado

REVISÃO
Laura Martins

PROJETO GRÁFICO & DIAGRAMAÇÃO
Ary Dourado

COMPOSIÇÃO
Adobe InDesign cs5 [Windows 7]

TIPOGRAFIA
texto principal H&FJ Archer Book 16/20
texto secundário Market Regular 15/20
títulos Openhouse [14, 24]/[20, 40]

MANCHA
31p6 × 44p10, 26 linhas

MARGENS
5p:5p:6p:8p
(interna:superior:externa:inferior)

PAPEL
miolo Suzano Alta Alvura 120 g/m^2
capa Suzano Supremo 250 g/m^2

CORES
miolo 4 × 4 cores escala CMYK
capa 4 × 4 cores escala CMYK

PRÉ-IMPRESSOR E IMPRESSOR
Gráfica Paulinelli (Belo Horizonte, MG)

ACABAMENTO
cadernos de 16 e 8 pp.
costurados e colados
brochura laminada BOPP fosca
capa com verniz UV com reserva

TIRAGEM
2 mil exemplares

PRODUÇÃO
Janeiro de 2012

O MUNDO DOS BONECOS DE PAPEL
EM OUTRAS LÍNGUAS

ALEMÃO: *Die Welt der Papierpuppen*
ESPANHOL: *El mundo de los muñecos de papel*
FRANCÊS: *Le monde des poupées de papier*
INGLÊS: *The world of paper dolls*
ITALIANO: *Il mondo di bambole di carta*

CONTATOS COM O AUTOR: ammsouza@hotmail.com | 31 3332 5293